Holger Junghardt

Zen und achtsamer Umgang mit Hunden

FSC
www.fsc.org
MIX
Papier aus verantwortungsvollen Quellen
Paper from responsible sources
FSC® C105338

Bibliografische Information der Deutschen Nationalbibliothek:
Die Deutsche Nationalbibliothek verzeichnet diese Publikation in der Deutschen Nationalbibliografie; detaillierte bibliografische Daten sind im Internet über http://dnb.dnb.de abrufbar.

Satz, Umschlaggestaltung, Herstellung und Verlag: BoD – Books on Demand, Norderstedt

ISBN: 978-3-7392-6355-7

Inhalt

Einleitung

Noch ein Hundebuch? Aber ja! Egal, ob Sie sich einen Hund ins Haus holen wollen oder schon einen besitzen, dieses kleine Büchlein kann Ihnen helfen, Hunde besser zu verstehen. Insbesondere wenn Sie noch gar keine Ahnung von Hunden haben, erhalten Sie zu einem kleinen Preis eine erste Übersicht.

Der Titel lässt eventuell auf Religion oder gar Esoterik schließen, aber das ist nicht der Fall. Vielmehr werden die Erkenntnisse aus dem Zen bzw. aus dem Buddhismus verwendet, um einen anderen Blick auf das Geschehen zu finden.

Ich selbst habe eine Ausbildung als Hundetrainer in der Hundeschule von Rita Kampmann, München, durchlaufen und mich anschließend zum Hundepsychologen nTR bei Thomas Riepe weitergebildet. Meine praktischen Erfahrungen mit Hunden hatte ich mit meinem Beagle Mali, der 18 Jahre alt geworden ist, sowie in der Hundeschule, in einer Hundetagesstätte und mit zahlreichen Hundegästen bei mir zuhause gesammelt.

Mein buddhistischer Hintergrund begann schon im letzten Jahrhundert. Seitdem praktiziere ich Achtsamkeit im Alltag, Meditation und habe Retreats und Dharma-Vorträge besucht.

Natürlich reicht die Lektüre dieses kleinen Büchleins nicht aus, um alle Probleme mit Hunden zu lösen. Es gibt sehr gute Hundebücher, aber sie sind in der Masse der Veröffentlichungen schwer zu finden. Im Anhang finden Sie eine Übersicht empfohlener Literatur. Jedes dieser Bücher ist uneingeschränkt lesenswert.

Wenn auch nur ein Hund durch diese Schrift ein glücklicheres Leben gewinnen sollte, so hat sich die Mühe des Schreibens schon gelohnt.

Muss ich Zen-Mönch werden?

Es wäre nicht das Schlechteste, aber nein, Sie müssen nicht. Die wesentliche Erkenntnis, die man nach mehr oder wenig langer Zen-Praxis erfährt, ist jene, dass es keine unabhängige Existenz gibt. Folglich gibt es kein Ego und somit ist die Trennung zwischen Subjekt und Objekt aufgehoben. Das ist intellektuell nicht erfahrbar, dennoch kann man sich anhand einiger Beispiele dieser Erfahrung nähern.

Da ist nun eine Welle in der großen weiten See, und diese Welle glaubt nun, sie sei die schönste, tollste und größte Welle, die es jemals gegeben hat. Und sie wird arrogant, weil sie die anderen Wellen als minderwertig ansieht und hat nun plötzlich Angst, bald nicht mehr zu existieren. Würde sie nicht so etwas denken, sondern einfach nur beobachten, dann würde sie erkennen, dass sie nur ein Teil des großen Meeres ist und nicht unabhängig existiert, sondern mit allen anderen Wellen verbunden ist. Sie besteht sogar noch vielmehr aus Nicht-Wellen-Teilen, nämlich nur aus der Materie des Ozeans.

Der Buddhismus formuliert das im Herz-Sutra in der berühmten Aussage: „Form ist Leere, und Leere ist Form".

Die Erkenntnis aus diesem Beispiel ist also, dass es keine unabhängige Existenz gibt, auch wenn man darüber anders denkt. Außerdem bereitet dieses Denken allerhand Probleme, da man die Wirklichkeit nicht erkennt und negative Eigenschaften wie Hass und Gier entwickelt.

Wahrscheinlich hat diese kleine intellektuelle Brücke noch nicht zu der großen Erkenntnis geführt, dass die Welt tatsächlich so ist. Nicht umsonst muss man im Zen über eine sehr lange Periode stundenlang sitzen und einfach nur beobachten. Der Verstand wird hoffentlich mittels eines Koans so weit verwirrt, dass er seine intellektuellen Einwände aufgibt.

Aber wenn es tatsächlich keine Trennung zwischen Subjekt und Objekt gibt, dann tue ich alles Schlechte, was ich anderen zufüge, mir selbst an. Und deshalb ist es notwendig, ein achtsames Leben zu führen.

Was bedeutet Achtsamkeit?

Man kann anhand praktischer Beispiele erkennen, dass alles Schlechte, das man anderen zufügt, einen selbst wieder treffen kann. Beispielsweise haben Sie einen Streit mit irgendjemandem und geraten zunehmend in Rage. Sie beschließen nach heftigen Wortgefechten, den Ort des Streits zu verlassen, treten - immer noch in Rage - auf die Straße und laufen in der sprichwörtlichen Blindheit vor Wut in die Fahrspur eines Fahrzeuges, das etwas mehr Energie als Sie hat und Sie deshalb empfindlich beschädigt. Oder denken Sie an alte Slapstick-Filme, wo zwei Kontrahenten fortwährend ihren Rachegelüsten nachgehen und sich immer größere Übel zufügen, bis sie letztendlich ihr gesamtes Hab und Gut gegenseitig zerstört haben und immerhin zum Happy-End zu der Erkenntnis kommen, dass hier etwas grundlegend schief gelaufen ist und sich dann wieder vertragen.

In der Ethik gibt es deshalb auch die goldene Regel: Was Du nicht willst, was man Dir tu', das füg' auch keinem anderen zu. Das ist vollkommen logisch, wenn man bedenkt, dass es keine Trennung zwischen Subjekt und Objekt gibt. Mitgefühl mit anderen Wesen ist also nichts anderes als Mitgefühl mit sich selbst.

Achtsam zu leben bedeutet also, Mitgefühl zu praktizieren. Mitgefühl impliziert die Erkenntnis, dass alle Lebewesen glücklich sein wollen. Mitgefühl verbietet Hass und Gier. Aber auch andere Gedanken können Mitgefühl abträglich sein. Viele Leute glauben, nur ihre Sicht der Dinge sei die Richtige. Aus diesem Glauben heraus, weil sie ja nur das Richtige und Beste wollen, geschehen viele Dinge, die großes Leid verursachen. Das fängt bei Eltern an, die nur das Beste wollen und endet im kollektiven Glauben von Staaten, genau das Richtige zu tun und grauenvolle Kriege anzetteln.

Damit diese Verblendung nicht entsteht, sollte man also viel mehr achtsam beobachten anstelle sich seine eigene Welt zu konstruieren. Wer denkt, lebt nicht in der Wirklichkeit. Denn nachdenken kann man nur über die Vergangenheit und die Zukunft. Der momentane Augenblick kann nur erlebt oder aber durch Gedanken verdrängt werden. „Ich denke, also bin ich", wurde mal von einem Herrn Descartes festgestellt (er hat es als Intellektueller in Latein formuliert: „cogito, ergo sum"). Non cogito, ergo sum, halte ich dagegen. Denn nur im Nichtdenken kann Wirklichkeit erfahren werden. Natürlich sollen Sie nicht das Denken aufgeben. Aber anstelle im Rauschen von Gedanken die Wirklichkeit zu verpassen, sollte der Verstand nur als Werkzeug eingesetzt werden. Und mit einem Werkzeug sollte nicht gespielt werden. Der Hammer ist zum Einschlagen von Nägeln konstruiert worden. Wer ständig damit herumspielt, braucht sich später nicht zu beschweren, wenn das wertvolle Porzellan zu Bruch geht, wenn ihm der Hammer unachtsam aus der Hand gleitet.

Und wie sieht das in der Praxis aus?

Man kann sich wie im Zen-Kloster stundenlang hinsetzen und seine Gedanken beobachten und letztendlich das Nicht-Denken erfahren. Um dies zu schaffen, kann man zunächst nur seinen Atem beobachten und störende Gedanken ziehen lassen.

Um den Verstand endgültig zu verwirren und ruhen zu lassen, kann man sich einer Frage bedienen, deren Beantwortung dem Geist prinzipiell nicht möglich ist. Irgendwann wird der Geist es dann aufgeben und dies ist der Augenblick des angestrebten Nicht-Denkens. Diese Fragen heißen Koans. Wenn Sie dieses Büchlein bis zum Ende lesen, werden Sie auf einen solchen Koan stoßen.

Wichtiger ist es, im Alltag achtsam zu leben. Neben der Praxis des Mitgefühls sollte jede Handlung gegenwärtig ausgeführt werden. Wenn ich atme, atme ich, wenn ich esse, esse ich und wenn ich laufe, laufe ich.

Ein Meister dieser Disziplin sind übrigens Hunde, aber auch alle anderen Tiere. Sie machen sich keine Vorwürfe wegen der Vergangenheit und keine Sorgen über die Zukunft. Sie sind zufrieden mit ihrem Leben, freuen sich über Futter und Gassigang, und ihr einziger Besitz ist vielleicht ein Spielzeug.

Die Beobachtung von Hunden ist eine perfekte Schulung im achtsamen Verhalten.

Nur sollten Sie bei der Beobachtung alle Vorurteile über Hunde vergessen. Achtsame Beobachtung bedeutet, die Wirklichkeit ungefiltert wahrzunehmen. Achtsamer Umgang bedeutet, das Wesen des Hundes zu akzeptieren.

Da dies sehr schwierig ist und es in manchen Punkten doch ratsam ist, den Verstand im Umgang mit Hunden zu benutzen, sollen auf den nächsten Seiten die wichtigsten Fragen über Hunde beantwortet werden.

Was ist das Wesen der Hunde?

Zunächst ist es hilfreich zu wissen, dass Hunde vom Wolf abstammen und diesem immer noch ähnlich sind. Über viele tausend Jahre hat der Mensch das Wesen des Wolfes zu seinem Nutzen verändert und so die verschiedenen Rassen geschaffen. Er hat dazu Hunde gezüchtet, die zum Beispiel speziell für die Jagd geeignet sind, besonders gut bewachen können oder sich zum Hüten und Treiben von Schafsherden eignen. Dazu hat er besonders ausgeprägte spezifische Eigenschaften von Wölfen selektiert und diese durch Zucht noch verstärkt.

Wölfe leben in Familienverbänden. Sie ziehen ihre Jungen auf, die später die Gruppe verlassen, um einen eigenen Verband zu gründen. Ein ausgeschlossener Wolf zieht alleine weiter und gründet eine neue Familie. In der Familie herrscht Arbeitsteilung und jeder trägt zur Nahrungssuche und -sicherung bei. Die Jagd gelingt am besten im Verband. Das Essen wird schnell verschlungen, jeder versucht etwas abzubekommen. Selbst die Welpen trauen sich an die gesammelte Nahrung heran und lassen nicht etwa dem Familienoberhaupt den Vortritt (ganz im Gegenteil – die Wölfin wird bei Knappheit immer erst ihre Welpen füttern).

Neben der Jagd durchstreifen Wölfe regelmäßig ihr Revier, markieren dieses (oft mit imponierendem Gescharre) und vertreiben Konkurrenten. Kommt ein anderer Wolf in ein fremdes Territorium, wird er zunächst durch Drohgebärden vertrieben. Erst wenn der Fremde nicht reagieren sollte, wird er angegriffen. Meistens wird er durch Beschwichtigungsgesten seinerseits versuchen, den Angreifer zu beruhigen und das Weite suchen.

Möglicherweise waren es ausgeschlossene Wölfe, die sich zunächst menschlichen Siedlungen genähert und sich von Abfällen ernährt haben. Manche von ihnen wurden von Menschen eingefangen und zu Zwecken der Jagd, Wacht, Herdentrieb usw. verwendet. Diese domestizierten Tiere wurden zur Zucht verwendet, und auf diese Weise entstand unser Haushund.

Wölfe und Hunde nehmen die Welt über ihren Geruchsinn wahr. Sie können mindestens um den Faktor 6.000 besser riechen als wir. Die primäre Wahrnehmung der Welt unterscheidet sich somit grundsätzlich von der des Menschen. Auch der Hörsinn ist weit feiner und ausgeprägter als der Menschliche. Hunde können insbesondere in der Dämmerung sehr gut sehen, wobei das Farbsehvermögen etwas eingeschränkt ist, und Bewegungen besser wahrgenommen werden als statische Eindrücke. Der Tastsinn ist durch die Tasthaare um die Schnauze besonders ausgeprägt.

Ansonsten schlafen Wölfe lange und ausgiebig und so tun es auch unsere Haushunde (bis zu 20 Stunden am Tag). Nach dem Aufstehen wird sich erst einmal kräftig geschüttelt.

Die typischen Eigenschaften der Wölfe wie Jagen und Territoriumsbewachung sowie das Leben in Familienverbänden stecken immer noch in jedem unserer Haushunde. Allerdings hat sich dieser so an die Hilfe der Menschen gewöhnt, dass aus ihm Zeit seines Lebens ein kindlicher Wolf geblieben ist bzw. ein Wolf, der in tiefer Symbiose mit den Menschen lebt.

Ein typisches Beispiel: Von einem Beutetier hat sich ein Wolf ein großes Stück Fleisch herausgenommen und trägt es nun weg, um es zu vergraben. Oft ist er damit eine ganze Zeit lang unterwegs, beginnt an einer scheinbar sicheren Stelle mit dem Graben, ändert dann aber seine Meinung und zieht so lange weiter, bis er eine wirklich sichere Stelle gefunden hat. Dort vergräbt er nun die Beute mit der Schnauze. Der Haushund, dem man gerade einen großen Knochen geschenkt hat, will seine Beute auch vor vermeintlichen Rivalen verstecken. Er zieht durch den Garten, findet aber keine seiner Meinung nach günstige Stelle. Nun fängt er an zu fiepen, um nun seinen Menschen herbeizulocken, der ihm dabei helfen soll (das lustige daran ist, nähert sich der Mensch, um zu helfen, zieht der Hund gleich weiter, da der Mensch ihm seine Beute vielleicht doch abnehmen könnte, nur um kurz darauf wieder mit der Winselei zu beginnen).

Er sieht den Menschen als souveränen Führer in seinem Familienverband an, dem er bei schwierigen Aufgaben vertrauen kann. Sollte der Mensch bei bestimmten Aufgaben versagen, so fühlt sich der Hund berufen, diese Aufgabe zu übernehmen. Ein klassisches Beispiel ist das Vertreiben ungebetenen Besuchs an den Grenzen des Territoriums in Form des Postboten. Dieser fremde Mensch versucht ständig in das Revier einzudringen und wird von seinem Menschen auch noch freudig begrüßt. Scheinbar erkennt der Mensch nicht, welche Gefahr sich hier anbahnt. Da sich Menschen durch Lautgebung verständigen, fängt der Hund zu bellen an und hat damit auch noch Erfolg. Nach kurzer Zeit entfernt sich der Eindringling wieder. Würde nun der Mensch anfangen, den Hund zu schimpfen, so würde der Hund dies als Einstimmen in das Vertreibungsgebell verstehen.

Im Gegensatz zum Menschen leben die meisten Tiere sehr gegenwartsbezogen. Sie machen sich keine Gedanken über Fehler in der Vergangenheit. Zukunftsängste sind ihnen fremd. Dennoch können sich beispielsweise Ängste unterbewusst durch Erlebnisse der Vergangenheit auswirken und zu einem Vermeidungsverhalten führen, obwohl real keine Gefahr vorhanden ist. Hunde – oder generell höher entwickelte Tiere – sind dem Menschen in Sachen Achtsamkeit dennoch sehr weit voraus.

Der Hund ist also ein etwas infantiler in einer Menschenfamilie lebender Wolf, dessen Eigenschaften je nach Rasse mehr oder weniger stark ausgeprägt sind. Auch wenn er aussieht, wie ein lebendig gewordenes Stofftier, ist dieses Wissen unabdingbar für einen achtsamen Umgang mit dem eigenen Hund.

Vom seinem Menschen erwartet er, dass er für die Nahrungsbeschaffung verantwortlich ist, das eigene Territorium sichert und das Revier regelmäßig durchstreift (Gassigehen). Er möchte an all diesen Aktionen teilhaben, ist aber dankbar, wenn der Mensch sie übernimmt. Zeigt der Mensch Schwäche bei seiner Aufgabenwahrnehmung, so fühlt sich der Hund berufen, diesen Teil zu übernehmen. Er erwartet von seinem Menschen emotionale Stabilität. Launen versteht er nicht.

Wie ist das mit der Dominanz?

In vielen Hundebüchern wird gelehrt, dass sich der Hund seinem Menschen unterzuordnen hat. Dazu hat man einige „Rudelregeln“ entwickelt. So sollte der Hund niemals erhöht liegen, nicht vor seinem Menschen durch Türen gehen, erst nachdem der Mensch gegessen hat, sein Futter bekommen etc.

Bei Nichteinhaltung dieser Regeln wird prognostiziert, dass der Hund die Führerrolle übernehmen wird.

Schlimme Auswirkungen dieser Regeln sind ein Nackengriff (der dem Tötungsbeißen eines Wolfes entspricht) oder das auf-den-Rücken-Rollen (die sog. „Alpha-Rolle“). Bei beiden letzteren Maßnahmen kann man seinen Hund zu Tode erschrecken und dafür sorgen, dass er jegliches Vertrauen verliert.

Diese Regeln wurden vor vielen Jahrzehnten aufgestellt. Sie resultieren aus künstlich zusammengesetzten Gruppen, zum Teil sogar anderer Tierarten. In diesen Zwangsgemeinschaften bildet sich tatsächlich eine „Hackordnung“ (so bei eingesperrten Hühnern beobachtet), hier existiert eine auf Dominanz beruhende Ordnung. Eine Wolfsfamilie ist dagegen keine Zwangsgemeinschaft. Die Wolfsjungen vertrauen ihren Eltern, die für sie sorgen, bekommen gelegentlich eine kleine Korrektur durch die Eltern, üben aber keinen ehrfürchtigen Gehorsam vor ihren Eltern aus (Strafen kennen Wölfe nicht).

Das Verhältnis Mensch-Hund ist ähnlich. Der Mensch ist der souveräne Führer, dem der Hund vertrauen kann. In der Pubertät testen zwar auch Hunde Grenzen aus, dennoch sind keine Rituale erforderlich, um den Führungsanspruch nicht zu verlieren.

Dominanz hat also nichts mit möglichen Alphatier-Eigenschaften zu tun, sondern ist eher eine Frage einzelner Beziehungen in konkreten Situationen.

Dominanz ist eher ein unter Menschen (und Schimpansen und Pavianen) beliebtes Prinzip. Hier wird es nicht nur in Zwangsgemeinschaften (wie in Gefängnissen, Kasernen oder auf Schiffen) gelebt, sondern findet sich in hierarchischen Führungssystemen und diktatorischen Staatsformen wieder. Der Mensch benötigt den Anblick einer Königskrone, der Hund nicht.

Souveränität wird nicht durch Machtrituale, Zwang, also Angst, erzeugt. Ein souveräner Führer ist wie ein solider Fels in der Brandung, der in jeder Situation Ruhe bewahrt und dem man vertrauen kann. So einen Führer wünschen sich Hunde (und im übrigen auch Menschen).

Ein dominanter Führer ist das Gegenteil – die Angst vor Verlust der Macht wird durch Dominanz verborgen. Beobachten Sie sich das nächste Mal selbst, wenn Sie meinen, dominant vor Ihrem Hund auftreten zu müssen. Vielleicht erkennen Sie Ihr eigenes Ohnmachtsgefühl, das sie antreibt.

Haben Hunde ein Gewissen?

Diese Frage hängt wieder mit dem eben diskutierten Thema „Dominanz“ zusammen. Ich kenne viele Hundebesitzer, die mir versichern, ihr Hund hätte deutlich ein schlechtes Gewissen offenbart, als sie nachhause kamen. Auf der Suche nach dem Grund wird dann oftmals z.B. ein Kuchen in der Küche vermisst, den der Hund in der Zeit der Absenz des Menschen verspeist hat. Natürlich muss so ein böser Hund dann auch bestraft werden (muss er nicht!! dazu später!).

Aber Hunde haben trotzdem kein Gewissen im Sinne unserer Moral. Für den Hund stellt sich die Kuchensituation nämlich so dar: Ist der Mensch anwesend, darf man den erreichbaren Kuchen nicht verspeisen. Dies gibt sofort Ärger. Ist der Mensch aber abwesend, ist der Kuchen ohne Ärger erreichbar. Dies entspricht wölfischem Verhalten. Demjenigen gebührt das Stück Fleisch, der es erreicht und verschlingen kann.

Genau das macht der Hund. Der Hund weiß aber auch aus Erfahrung, dass ein leeres Kuchenblech Ärger bedeutet, wenn der Mensch zurückkommt. Nicht etwa, weil der Hund den Kuchen nicht essen durfte, sondern nur weil das Blech leer ist. Nun kommt der Mensch nachhause, der Hund fühlt sich zwischen Wiedersehensfreude und Angst hin- und hergerissen, was er durch deutliches Schwanzwedeln ausdrückt. Am liebsten würde er seinen Menschen begrüßen, aber aufgrund des bevorstehenden Ärgers zeigt der Hund Beschwichtigungssignale (Kleinmachen, Ausweichen), die vom Menschen als deutliches Anzeichen eines „schlechten Gewissens“ gedeutet werden.

Ein schlechtes Gewissen sollte in diesem Fall nur der Mensch haben, der dieses Malheur zugelassen hat.

Wie werden Hunde erzogen?

Wie werden Menschen erzogen? Durch Drill und Strafen? Damit bekommt man Kanonenfutter für die Front! Bei welchen Lehrern ist viel hängengeblieben? Bei den autoritären Cholerikern? Oder bei denen, wo es Spaß gemacht hat, wo man motiviert war? Welchem Chef folgt man eher? Dem Patriarchen oder dem Charismatiker? Wem von diesen Menschen würden Sie echtes Vertrauen schenken und vor wem haben Sie Angst?

Lernen macht also Spaß, wenn man durch Lob motiviert wird und eine Vertrauensbasis besteht. Dieses Prinzip nennt sich positive Verstärkung.

Hunde haben große Freude am Lernen. Diese wird gefördert, wenn man den Hund für gut gemachtes Verhalten lobt. Das Lob muss unmittelbar auf die zu lobende Handlung folgen, sonst kann der Hund keine Verknüpfung mehr herstellen. Daher hat man den „Clicker" in der Hundeerziehung eingeführt. Direkt nach einer gut gemachten Handlung wird ein klickendes Geräusch ausgelöst. Auf dieses folgt dann ein Leckerli. Der Hund bekommt direkt nach der richtigen Ausführung das Klickgeräusch zu hören, weiß genau, dass diese Handlung richtig war und verknüpft dieses Signal positiv mit einer Belohnung. Natürlich muss nicht unbedingt mit einem „Clicker" gearbeitet werden, aber die Belohnung muss spätestens 1-2 Sekunden nach der richtigen Handlung erfolgen.

Und wenn der Hund etwas falsch macht? Keinesfalls strafen. Immer wieder versuchen, bis sich die richtige Handlung einstellt und diese dann positiv mit einer Belohnung verstärken. Hat sich der Hund in der Übung bewährt, muss nicht ständig belohnt werden, es kann gelegentlich ein Belohnungsdurchgang ausgelassen werden. Diese intermittierende Belohnung, ist, solange sie nicht zu viel Frust erzeugt, in späteren Stadien sehr förderlich.

Strafen funktionieren in der Ausbildung leider sehr gut. Mit Angst können Sie sogar Menschen dazu bringen, sich an die

Kriegsfront zu stellen und reihenweise erschossen zu werden. Oder den Mund in einem totalitären System zu halten und wegzusehen. Ein überzeugter Anhänger wird man dadurch nicht. Viel Vertrauen hat man zu seinem Herrn dadurch auch nicht.

Wird der Hund gestraft, verletzt man sein Vertrauen und schädigt möglicherweise für immer das Verhältnis. Ein hoher Preis nur dafür, dass sich der Hund nun „brav" verhält und man nicht unangenehm auffällt. Vielleicht liegt das Problem eher beim Strafenden als beim Bestraften?

Wer es nötig hat, mit Strafen zu erziehen, ist schwach und alles andere als ein souveräner Führer.

Wie gesagt, Strafen funktionieren gut, daher arbeiten immer noch viele Hundeschulen damit und geben eine Erfolgsgarantie, die sie meistens auch einhalten können. Aber das vordergründige Funktionieren wird teuer durch Angst und Stress erkauft. Möglicherweise wird der Hund in einer Extremsituation ohne Warnung beißen.

Ein Hund ist auch kein Roboter, den man nach seinem Belieben programmieren kann. Wer mit einem Hund lebt, hat sich auf ein Lebewesen mit all seinen Eigenarten eingelassen und hat diese zu akzeptieren, anstelle ihn nach seinen eigenen Vorstellungen zu formen. So etwas würde man mit einem menschlichen Partner auch nicht machen. Dieser hätte zumindest noch die Chance das Weite zu suchen, Hunde sind ihrem Menschen ausgeliefert.

Natürlich gibt es sehr schwere Fälle, die ein Zusammenleben unmöglich machen können. Hier sollte man einen sehr erfahrenen Hundetrainer aufsuchen, der schon viele Jahre mit der Trainingsmethode der positiven Verstärkung arbeitet. Und natürlich auch Erfahrung mit dem konkreten Problem hat. Oder andernfalls die Weitsicht besitzt, an einen besseren Kollegen zu verweisen.

Leider exisitieren sogenannte „Erziehungshilfen". Da gibt es beispielsweise Antibell-Halsbänder, die über einen Sensor dem Hund einen Wasserstrahl ins Gesicht feuern, sollte dieser bellen.

Es könnten andere Geräusche diesen Mechanismus auslösen, und der Hund wird willkürlich gequält. Vielleicht hat ein schreiendes Kind den Mechanismus ausgelöst, und der Hund verbindet fortan schreiende Kinder mit einem körperlichen Übel. Die Folgen sind vollkommen sinnlos und gefährlich.

Sehr beliebt sind sogenannte „Haltis". Dies sind Halsbandzusätze ähnlich einem Pferdezaumzeug. Sie werden gerne verwendet, wenn ein Hund an der Leine zieht. Ja, natürlich funktioniert das, aber es gibt sanftere Methoden, über die ich noch sprechen möchte. Ich kannte mal einen Hund, der hatte ein vollkommen schiefes Gesicht. Ich dachte, er hätte wohl einen Schlaganfall erlitten, der ihn nun so entstellt hatte. Der Halter klärte mich dann auf, dass er viele Jahre ein Halti benutzt hatte, das zu diesem traurigen Gesicht geführt hat. Der Erfolg blieb trotz Halti aus. Der Hund war kaum noch mit Leine zu bewegen. Sehr viel Geduld war erforderlich, den Hund wieder mit einer Leine zu führen.

Auch Würgehalsbänder, scheppernde Blechdosen etc. gehören zu diesem tyrannischen Zubehör.

Haben Sie Geduld und Mitgefühl bei der Erziehung Ihres Hundes. Alles andere hat mit Achtsamkeit rein gar nichts mehr zu tun.

Und akzeptieren Sie das Wesen eines Hundes. Erziehung bedeutet nicht die Formung eines Lebewesens nach eigenen Vorstellungen.

Warum bellen Hunde?

Wölfe machen das nicht. Sie heulen höchstens, um ihre Position anderen Wölfen anzuzeigen. Auch Hunde können heulen. Manchmal passiert das bei Sirenengeräuschen oder Musik. Wenn Sie es schaffen, das charakteristische Wolfsgeheule authentisch zu erzeugen und Ihr Hund mit einstimmt, erleben Sie einen Moment höchster Verbundenheit.

Hunde haben gelernt, sich mit Menschen durch Laute zu verständigen. Dabei können diese Laute in ihrer Lautstärke, Frequenz und Tonfolge variieren und damit ganz verschiedene Bedeutungen erlangen. Einmal kann ein „Wuff" die Bitte bedeuten, doch endlich mal die Türe zu öffnen, ein langgezogenes, in der Tonhöhe absteigendes „Wau-wau" ein Betteln um Futter bedeuten oder ein salvenartiges „Wauwauwauwau" das Alarmsignal wegen Eindringens eines Fremden sein.

Ständiges Bellen kann ein Anzeichen für Stress sein. Ein alleingelassener Hund baut durch das Bellen Stress ab und hofft, seinen Menschen wieder zurückzurufen.

Selten verständigen sich Hunde untereinander durch Bellen. Meist passiert dies nur, wenn ein Hundeärger ansteht und sich Hunde ähnlich wie Menschen anbrüllen.

Was sind Beschwichtigungssignale?

Hunde kommunizieren wie Wölfe untereinander durch Körpersprache. Zwar versuchen sie das auch mit Menschen, leider sind die wenigsten Menschen aber im Verständnis dieser Kommunikationsform genügend achtsam.

Wölfe und Hunde versuchen Konflikten aus dem Weg zu gehen. Dies hat ganz ökonomische Gründe, denn ein verletzter Körper kann nicht mehr zur Jagd eingesetzt werden.

Hunde setzen daher ein sehr ausführliches System an Körpersprache ein, um ihre Friedfertigkeit anderen Lebewesen mitzuteilen.

Dies ist zunächst einmal das Abwenden des Blickes. Bei Begegnungen wird ein Bogen um den zu Beschwichtigenden gemacht. Auch Kleinmachen, Erstarren, langsame Bewegungen, grundlos Herumschnüffeln, sich Abwenden, Vorderkörpertiefstellung, Wedeln, Gähnen und über die Schnauze lecken sind typische Beschwichtigungssignale.

Diese Signale sind immer im Kontext einer bestimmten Situation zu sehen. Natürlich gähnen Hunde einfach auch, weil sie müde sind. Auch kann das Gähnen eine Übersprungshandlung, also eine Verlegenheitsgeste, sein.

Leider ist das menschliche Beugen über einen Hund oder das in-die-Augen-Sehen ein Zeichen von Aggression und führt immer wieder zu Missverständnissen.

Dennoch sehen Hunde ihren Menschen sehr ausführlich an. Hunde sind Meister im Beobachten und können schon an kleinsten Regungen auf die Gefühlslage und Absichten von Menschen schließen.

Woran erkenne ich, wie aggressiv ein Hund ist?

Bevor ein Hund aggressiv wird, hat er zunächst Beschwichtigungssignale erfolglos eingesetzt. Trotzdem kommt es vor, dass ein Hund ohne Vorankündigung beißt. Entweder hat er eine schwere Krankheit oder aber er musste über einen langen Zeitraum lernen, dass Beschwichtigungssignale keine Wirkung zeigen. Ein Hund, der ständig geärgert wird, sich deshalb kleinmacht, aus dem Weg geht, gähnt, sich über die Schnauze leckt und vielleicht gerade wegen dieses „seltsamen" Verhaltens noch weiter geärgert wird, zeigt zunächst seine Zähne und knurrt. Auch auf dieses Signal wird oft nicht reagiert. Spätestens jetzt sollte sich der Mensch klarmachen, dass er für ein extremes Unwohlsein des Hundes verantwortlich ist. Der Hund fleht förmlich, man solle endlich aufhören, sonst müsste er sich wehren. Oft sieht der Mensch das Anknurren seiner Person noch als Ungezogenheit und fehlendes Gehorsam seines Hundes an und verstärkt seine negativen Handlungen. Wahrscheinlich wird der Hund jetzt nur kurz schnappen. Wird auch dies ignoriert, wird er endgültig beißen. Entweder beißt der Hund dann aus Angst (die Ohren liegen dabei an und die Rute ist eingezogen), oder er geht, was sehr selten ist, mit voller Aggression vor (hier stehen die Ohren auf und die Rute ist gerade).

Vielen Hunden wird die Möglichkeit der Körpersprache genommen, indem man ihre Körper verstümmelt (liebevoll „Kupieren" genannt) oder aber durch Zucht ihr Gesicht so entstellt, dass eine Kommunikation nicht mehr möglich ist oder sogar Missverständnisse entstehen.

Soll ich mir einen Hund zulegen?

Nach all den theoretischen Fragen über das Verhalten von Hunden, soll es nun etwas konkreter werden.

Die Entscheidung einen Hund zuzulegen, ist eine sehr langfristige Entscheidung. Manche Rassen können 20 Jahre alt werden. In dieser Zeit werden Kosten für Futter, Impfungen, sonstige Medikamente, Routineuntersuchungen, Operationen, Wurmkuren, Krallen- und Fellpflege, evtl. Versicherungen und Steuern anfallen.

Ein Hund, der seinem Wesen nach in einer Familie lebt (ersatzweise sein Mensch), sollte nie länger als 4 Stunden alleine gelassen werden. Jeden Tag sind mindestens zwei Gassigänge von mehreren Stunden Dauer erforderlich – bei manchen Rassen noch deutlich mehr.

Bei Krankheiten bedarf der Hund besonderer Pflege und kann evtl. gar nicht alleine gelassen werden. Reisen mit Hund können zu einem Problem werden, da Hunde in viele Hotels, Museen, Restaurants nicht mitgenommen werden dürfen.

Was passiert bei eigener Krankheit? Kann dann für den Hund gesorgt werden?

Im Alter braucht der Hund besondere Pflege. Möglicherweise ist er später nicht mehr stubenrein. Auch die letzte und schwerste Stunde kann er nicht alleine verbringen.

Die Haltung eines Hundes ist wesentlich aufwendiger als die Aufzucht eines Kindes, das irgendwann selbständig wird. Dennoch ist ein Hund niemals ein Ersatz für ein Kind oder einen Partner, denn dies würde seiner Natur nicht entsprechen und er würde unter dieser Verblendung seines Halters sehr leiden.

Aber mit einem Hund hat man einen Freund, den man unter den Menschen vergeblich sucht. Kein Tier steht dem Menschen näher als der Hund.

Anstelle langer Lobreden möchte ich kurz die Geschichte von Hachiko erzählen. Hachiko war ein Akita und wurde am 10. November 1923 in Odate, Japan, geboren. 1924 nahm in Professor Ueno mit nach Tokyo. Der Professor fuhr jeden Tag am Bahnhof Shibuya zu seiner Universität. In Shibuya wartete Hachiko jeden Tag auf die Rückkehr seines Herrn. Am 21. Mai 1925 starb Professor Ueno in der Universität. Dennoch wartete Hachiko weiter täglich auf die Rückkehr seines Herrn, bis er am 8. März 1935 starb. In der Zwischenzeit sorgten die Menschen am Bahnhof für ihn, aber sie konnten ihn nicht davon abhalten, auf seinen Professor zu warten. Bereits 1934 wurde eine bronzene Statue am Bahnhof Shibuya für ihn errichtet. Noch heute wird er in Japan sehr verehrt und gilt als Sinnbild der Treue.

Hachiko-Statue in Shibuya, Tokyo
(Bildurheber: eyetronic, Bildlizenz über fotolia)

Ist die Rasse egal?

Hunde wurden zunächst für verschiedene Zwecke gezüchtet. Jagdhunde sind aufgrund der unglaublich guten Riech- und Hörleistung sowie Ausdauer zum Aufspüren und Verfolgen von Wild geeignet. Natürlich muss ein Jagdhund, der seine originäre Tätigkeit nicht ausführen darf, besonders beschäftigt werden. Viele Jagdhunderassen werden daher von ihren Züchtern auch nur an Jäger abgegeben.

Hof- und Haushunde sehen ihre Aufgabe besonders darin, ihr Territorium zu beschützen. Herdentriebhunde fühlen sich nur wohl, wenn sie diese Aufgabe bewältigen dürfen.

Insbesondere bei Mischlingen muss man sehr darauf achten, welche Rassen sich in das Erbgut gemischt haben. Nach den Mendelschen Regeln sind diese in der unmittelbar nachfolgenden Generation nicht immer direkt erkennbar.

So sollte also die Rasse immer den eigenen Interessen und Fähigkeiten angepasst sein. Die Größe sagt leider wenig über die Eigenschaften eines Hundes aus. Ein kleiner Terrier, der für die Jagd u.a. in Fuchsbauten gezüchtet wurde, ist sehr mutig und hat sehr viel Energie. Sein liebes Äußeres lässt zunächst nicht auf diese Eigenschaften schließen.

Will man sich einen Rassehund zulegen, sollte man dies bei einem seriösen Züchter tun, der Zeit und Platz hat, sich um die Aufzucht der Hunde zu kümmern. Er kann auch einschätzen, ob die gewählte Rasse überhaupt passt. Abzulehnen sind Hundevermehrer, die ausschließlich aus Profitgründen große Anzahl von Hunden züchten und für viel Leid sorgen.

Auch sollte man darauf verzichten, Qualzuchten zu fördern. Manche Rassen sind aus optischen Gründen extrem in ihrer Lebensfähigkeit eingeschränkt. Ein Beispiel: der Mops. Aufgrund seiner Gesichtsgestaltung ist diese arme Kreatur sehr kurzatmig. Die Augäpfel können sich bei starkem Zug (z.B. durch ein Halsband) aus den Augenhöhlen lösen.

Hunde aus dem Tierschutz sind eine gute Alternative, wenn man einen etwas älteren Hund möchte. Tierheime und Organisationen vermitteln Hunde. Oft sind diese Hunde schon länger in der Obhut von Pflegefamilien oder Heimen. Daher kann man sehr oft über bestimmte Wesensmerkmale des ausgesuchten Hundes Auskunft bekommen.

Auch wer sich keinen Hund selbst halten kann, hat die Möglichkeit, Tierheimhunden mit einem Gassigang etwas Abwechslung in ihrem tristen Leben zu bieten.

Ab wann darf ein Welpe ins Haus?

Ein Welpe sollte nicht unter 10-12 Wochen von seiner Mutter und seinen Geschwistern getrennt werden. Es sollte bei der Abholung vom Züchter immer eine Decke mitgenommen werden, die noch nach seiner alten Familie riecht. Er sollte sich langsam an sein neues Zuhause gewöhnen dürfen.

In diesem Alter befinden sich Welpen mitten in ihrer Sozialisationsphase (die ab der 16. Lebenswoche langsam zu Ende geht). Hier ist die Vertrauensbildung zu seinem Menschen besonders wichtig. Aber auch Erfahrungen mit anderen Lebewesen und Umgebungen sollten gemacht werden, soweit dies nicht schon beim Züchter geschehen ist. Allerdings sollten diese Erfahrungen auch nicht in einem Crashkurs, sondern sanft und achtsam gemacht werden.

Gerne kann man mit einem Welpen bereits eine Welpenspielgruppe besuchen, sofern diese von erfahrenen Hundetrainern moderiert wird. Wird ein kleiner Hund von anderen Hunden geärgert, so ist der Schaden viel größer als der vermeintliche Nutzen. Einen generellen „Welpenschutz" gibt es übrigens unter Hunden nicht.

Später können dann erste Kurse bzw. Einzelunterricht gebucht werden, bei dem erste Signale, Leinenführigkeit, Verhalten auf der Straße etc. geübt werden können.

Nach dem Zahnwechsel (zwischen dem 4. und 7. Monat) setzt die Pubertät ein, die oftmals eine sehr schwierige Zeit darstellt, da die jungen Hunde ihre Grenzen testen wollen. Diese Phase endet, je nach Rasse des Hundes, irgendwann im Verlauf des zweiten Lebensjahres.

Welches Zubehör brauche ich für einen Hund?

- Leine (eine Flexileine ist zwar praktisch, sollte aber zunächst bei ziehenden Hunden vermieden werden)
- Geschirr (der Hund sollte nicht herausschlüpfen können, daher unbedingt verschiedene ausprobieren)
- Namensschild (mindestens mit Telefonnummer)
- Kotbeutel (damit die Zahl der „Hundehasser" nicht noch größer wird)
- Leuchtband (sehr hilfreich bei Abendspaziergängen in freier Natur)
- Hundepfeife (dazu später)
- GPS-Halsband (in Verbindung mit SIM-Karte und Smartphone kann ein verlorener Hund evtl. wieder geortet werden)
- Wassertrinkflasche (die Kappe bildet einen kleinen Napf für unterwegs)
- Schleppleine (für Suchspiele oder Erziehung, dazu später)
- Hundetasche (zum Transport von kleinen Hunden, z.B. in Bahn und Flugzeug)
- Spielzeuge (am besten aus Naturgummi, damit nichts verschluckt werden kann oder Zähne geschädigt werden)
- Hundedecke (für unterwegs)
- Hundekorb (sollte an einem Platz aufgestellt werden, an dem der Hund sich in Ruhe zurückziehen kann – oft sucht er sich aber selbst Plätze aus, wo der Korb nicht hinpasst, da hilft dann wieder die Hundedecke)
- Fressnäpfe (einen für ständig verfügbares Wasser und einen für Futter, beide rutschfest)
- Futter, Leckerlis (dazu später)
- Erste-Hilfe-Set mit Zeckenzange (am besten bei Gassigängen mitführen)
- Bürste, Hundeshampoo (lange Felle erfordern eine besondere ständige Pflege, oft nur mit einem Hundefriseur vernünftig durchzuführen)

- Autogurt bzw. Hundebox (der Autogurt erfüllt nur die gesetzliche Pflicht, ein Herumspringen des Hundes im Auto zu verhindern – Schutz für den Hund bei Unfällen bietet er nicht. Hier hilft nur eine an die Größe des Hundes und insbesondere an das Auto angepasste fest montierte Hundebox.)
- Haftpflicht, Krankenversicherung mit OP, Tierrettung (Schadenersatz und medizinische Behandlung können sehr teuer werden. In manchen Fällen gibt es eigene Tierrettungsdienste, denen man als förderndes Mitglied beitreten kann.)

Welches Essen ist am besten für meinen Hund?

Man sollte bei Hundefutter darauf achten, dass alle Zusatzstoffe angegeben werden. „Tierische Bestandteile“ können nämlich auch Krallen etc. sein. Sollte die Summe aller Bestandteile nicht 100% ergeben, so können sich auch „Füllmittel“ im Hundefutter befinden. Bei sehr billigen Sorten könnten dies leider auch zerriebene Autoreifen sein. Manche Hersteller dagegen erreichen nahezu Lebensmittelqualität.

Trockenfutter alleine ist sehr langweilig und sollte nur mit viel Wasser serviert werden. Eine gute Mischung aus Nass- und Trockenfutter ist sicher ein guter Kompromiss.

Essensreste menschlicher Nahrung sollten nicht gefüttert werden, da sie oft Gewürze enthalten, die Hunde nicht vertragen. Insbesondere Knochen von Hühnern sind gefährlich, da sie splittern können.

Eine rein vegetarische Nahrung für Hunde ist ebenfalls nicht zu empfehlen. Hunde sind Allesfresser, benötigen aber teilweise sehr hohe Tagesrationen an bestimmten Mineralien.

Es gibt sehr viele Meinungen bezüglich des richtigen Futters für Hunde. Im Zweifel sollte man einen Tierarzt zu Rate ziehen.

Was ist giftig für Hunde?

Viele Stoffe, die Menschen vertragen, können sich schädlich bzw. tödlich auf Hunde auswirken. Hierzu zählen:

Schokolade, Alkohol, Avocados, Zwiebeln, Knoblauch, Kaffee, Tee, Weintrauben, Obstkerne, Rosinen, Milch(-produkte) und Nüsse.

Ansonsten sind menschliche Medikamente immer giftig für Hunde. Und was für Menschen giftig ist, ist es für Hunde ebenfalls.

Sollte ein Hund bedenkliche Stoffe aufgenommen haben, so sollte sofort ein Tierarzt aufgesucht werden. Dies sollte auch passieren, wenn er beim Gassigehen irgendetwas unbekanntes gegessen hat und Anzeichen von Unwohlsein/Schmerzen zeigt. Eine Probe des Stoffes sollte sichergestellt werden. Künstliches Erbrechen sollte nicht herbeigeführt werden.

Leider kommt es häufig vor, dass Hundehasser Giftköder auslegen (z.B. vergiftete Wurst). Daher sollten Hunde nichts unbekanntes essen.

Wie leiste ich erste Hilfe bei einem Hund?

Genauso wie beim Menschen. Der Hund ist uns als Säugetier physiologisch sehr ähnlich. Bei einem Notfall ist zunächst das Bewusstsein zu kontrollieren. Ist der Hund bewusstlos, so muss darauf geachtet werden, dass die Luftröhre frei ist. Dabei stellt man gleichzeitig fest, ob der Hund noch atmet. Ist dies nicht der Fall, so muss der Hund vorsichtig über seine Nase beatmet werden. Ist sein Puls nicht mehr tastbar (an der Oberschenkelschlagader am Hinterlauf an der Hüfte), so muss eine Herz-Lungen-Wiederbelebung durchgeführt werden. Der Hund wird abwechselnd vorsichtig beatmet, und es wird eine Herzdruckmassage des auf der rechten Seite liegenden Hundes durchgeführt (abwechselnd 30 Herzdruckmassagen und 2 Atemstöße). Das Herz des Hundes befindet sich an der Stelle, auf welcher der angewinkelte linke Ellenbogen des Hundes liegt. Dieses Verfahren darf nur bei fehlender Atmung und Puls durchgeführt werden und niemals an einem gesunden Hund geübt werden.

Ansonsten gelten die gleichen Regeln der ersten Hilfe wie beim Menschen.

Eine Besonderheit ist die lebensgefährliche Magendrehung, die dann auftreten kann, wenn ein Hund kurz nach dem Essen körperliche Aktivität ausführt. Symptome sind Unruhe, Speicheln, Hecheln und der erfolglose Versuch zu erbrechen. Es handelt sich um einen Extremnotfall, der sofort tierärztlich behandelt werden muss.

Eine weitere anatomische Besonderheit besteht bei Rassen mit langer Wirbelsäule (z.B. Dackel, Basset). Hier können Bewegungen wie Springen zu einer Verletzung und somit zu einer dauerhaften Lähmung führen.

Krankheit ist bei einem Hund nicht immer einfach zu erkennen. Ein Hund, der Schmerzen empfindet, wird sich möglicherweise zurückziehen, nicht mehr essen wollen und evtl. an der schmerzenden Stelle lecken. Er könnte aber genauso wild Herumrennen und Jaulen. Auch könnte ein Hund unter Schmerzen sofort beißen. Hier ist besondere Achtsamkeit erforderlich, um ein derartiges Verhalten nicht etwa als Unfolgsamkeit auszulegen.

In allen medizinischen Zweifelsfragen sollte immer ein Tierarzt konsultiert werden, seine Telefonnummer immer parat sein. Auch sollte man immer an die Erreichbarkeit von Tierkliniken und Tiernotärzten denken.

Wie wird mein Hund stubenrein?

Bei erstem Anzeichen von Unruhe sollte der junge Hund sofort ins Freie gebracht werden. Zur Not muss er hinausgetragen werden. Sollte er es nicht rechtzeitig geschafft haben, so sollte er keinesfalls bestraft werden. Das kleine Malheur wird ohne viel Aufsehen entfernt.

Hat sich der Hund im Freien gelöst, so muss er unbedingt dafür gelobt werden. Kotüberreste in der Öffentlichkeit werden mittels Kotbeutel beseitigt und dem Abfall zugeführt.

Gerade am Anfang muss diese Prozedur alle paar Stunden wiederholt werden und erfordert Geduld.

Sollte nach Wochen keine Besserung aufgetreten sein, sollte bitte ein Tierarzt konsultiert werden.

Kann ich meinen Hund alleine zuhause lassen?

Hunde sind als soziale Tiere sehr ungerne alleine. Am liebsten würden sie alle Aktivitäten mit ihrer Familie teilen. Leider geht dies nicht immer. Viele Arbeitgeber verbieten das Mitbringen von Hunden; in Theatern, Lebensmittelgeschäften und manchen Restaurants sind Hunde ebenfalls verbotene Gäste. Zwar könnte man den Hund vor einem Geschäft an speziell dafür vorgesehene Haken anleinen, aber davor rate ich dringend ab. Der Hund gerät in dieser Situation unter Stress, fängt möglicherweise zu bellen an und gerät so in das Visier von Menschen, die ihn ärgern könnten bzw. im schlimmsten Fall mitnehmen. Auch den Hund im Auto warten zu lassen, ist kein guter Rat, da sich insbesondere im Sommer die Innenräume der Autos in sehr kurzer Zeit extrem aufheizen können. Schon viele Hunde sind deshalb gestorben.

Also sollte man seine Wohnung hundesicher einrichten. Alle Dinge, die nicht zerkaut werden dürfen bzw. an denen sich der Hund verletzen könnte, sollten entfernt werden. Es sollten seine gewohnten Spielsachen und eine Decke, die nach seinem Menschen riecht, vorhanden sein. Ebenfalls sollte immer ausreichend Wasser bereitgestellt werden.

Zunächst sollte man nur in kurzen Intervallen die Wohnung verlassen und dabei keine besonderen Verabschiedungen und Begrüßungen durchführen. Sollte der Hund bei Ihrem Verlassen sehr unruhig sein, so könnten Sie ihn damit beschäftigen, Leckerlis in den Raum zu werfen, bevor Sie die Türe schließen. So ist der Hund zunächst abgelenkt. Oder aber er bekommt einen Kauknochen, mit dem er längere Zeit beschäftigt ist.

Sollte dies funktionieren, so können die Intervalle verlängert werden. Dennoch sollte man einen Hund nicht länger als 4 Stunden alleine lassen.

Funktioniert dies alles nicht, so gibt es Hundetagesstätten, in denen Hunde gegen Entgelt betreut werden. Dabei ist auf ausreichend Gassigänge, wettergeschützte Unterkünfte und insbesondere Moderation der Hundegruppe durch Hundetrainer zu achten. Eine gute Hundetagesstätte nimmt sich die Zeit zu einer ausreichenden Vorstellung.

Woran erkennt man eine gute Hundeschule?

Der Trainer sollte keinesfalls mit Gewalt arbeiten. Auch wenn er schwört, dass seine Methoden aufgrund von Dominanztheorien erprobt und wirkungsvoll sind – bitte meiden Sie solche Menschen.

Er sollte nach den Methoden der positiven Verstärkung arbeiten. Der Hund wird für richtiges Verhalten gelobt, falsches Verhalten wird ignoriert. Es wird niemals mit Zwang gearbeitet. Ihre Achtsamkeit und Mitgefühl werden dafür Sorge tragen, dass Sie die Hundetrainer dieser Hundeschule richtig einschätzen. Überlegen Sie, ob Sie selbst in so einer Schule etwas lernen wollen würden.

Gute Hundeschulen verfügen über ein ausreichend großes und gut gesichertes Gelände. Es werden mehrere Kurse mit kleinen Teilnehmerzahlen für verschiedene Wissensstände angeboten. Die Hundetrainer nehmen sich ausreichend Zeit für jeden einzelnen Schüler und gehen insbesondere liebevoll mit den Hunden um.

Inhaltlich werden Grundübungen trainiert, Fragen zu Spezialfällen beantwortet, später wird in verschiedene Spiele wie Agility, Fährtensuche, Mantrailing usw. eingeführt.

Für schwierige Fälle bieten die Hundetrainer Einzelstunden an. Gerade in solchen Fällen sollte der Hundetrainer lange Erfahrung mit derart gelagerten Fällen haben.

Eine gute Hundeschule unterrichtet den Menschen über das Wesen des Hundes und zeigt Grenzen auf. Sie wird niemals versprechen, den Hund nach Ihren Vorstellungen zu formen.

Was mache ich, wenn der Hund an der Leine zieht?

Keine Angst, das ist das Standardproblem, wenn es um Hund und Leine geht und wurde schon von Generationen von Haltern mit ihren Hunden gelöst.

Zunächst sollte man sich fragen, ob es sich tatsächlich um ein Problem handelt. Vielleicht zieht der Hund nur in der Anfangsphase eines Gassigangs vor lauter Freude? Oder er zieht nur in bestimmten Situationen, beispielsweise um andere Hunde oder eine bestimmte Gegend zu erreichen. Man sollte die Situation genau erkennen, bevor man sich überlegt, dieses Verhalten zu korrigieren.

Der Hund zieht also in irgendeine Richtung. Jetzt sollte man keinesfalls selbst an der Leine rucken, da dieser Impuls Verletzungen an der Halswirbelsäule auslösen könnte. Vielmehr sollte man zunächst stehenbleiben und dann langsam die Richtung wechseln und den Hund dabei vorsichtig mitziehen. Er muss also lernen, dass es zunächst nicht einfach so in seine Richtung mit seinen Vorstellungen vom richtigen Tempo geht. Zieht der Hund wieder, muss wieder stehengeblieben werden. Geht der Hund ohne zu ziehen, so wird er sofort dafür gelobt und bekommt ein Leckerli. Mit etwas Geduld sollte sich das Problem lösen lassen, wobei der Trainingszeitraum einige Wochen dauern kann und immer wieder Rückschläge erlebt werden können.

Eine Flexileine (ausziehbare Leine) wäre ein möglicher Kompromiss. Eventuell könnte der Hund aber gerade durch eine solche Leine das Ziehen lernen, da er ja gegen den Widerstand des Aufrollmechanismus der Leine zieht. Die Leine steht also immer unter Spannung.

Ich bin kein Freund des konsequent „bei Fuß Gehens“. Der Gassigang ist für den Hund das schönste Erlebnis des Tages, und man sollte ihm ausreichend Zeit dafür geben, an verschiedenen Stellen zu schnuppern und Markierungen zu setzen. Hat er eine interessante Spur gefunden, laufen Sie doch ruhig mal eine Weile mit ihm mit – sie werden die Freude Ihres Hundes über dieses gemeinsame Erlebnis deutlich spüren. Grundsätzlich sollte man beim Gassigehen ständig in achtsamem Kontakt mit seinem Hund bleiben und nicht abgelenkt durch Telefonate oder ähnliches sein. Auch kann man dem Hund mal die Entscheidung überlassen, wohin er gehen möchte. Er wird Sie deshalb nicht für immer dominieren.

Dennoch mag das Gehen „bei Fuß" in seltenen Fällen kurzfristig sinnvoll sein (z.B. um den Hund nicht für ein paar Sekunden bei einer Begegnung anleinen zu müssen). Um dies zu üben, hält man mehrere Leckerlis in einer Hand und lobt den Hund damit, wenn er direkt an unserer Seite geht und Blickkontakt hält. Dazu wird das Signal „Fuß" gesprochen.

Was mache ich bei Ärger an der Leine bei Begegnung mit anderen Hunden?

Das ist auch ein Standardproblem. Gerade in unseren dicht bewohnten Städten gibt es immer wieder Begegnungen angeleinter Hunde. Oft zeigt es sich schon im Vorfeld, ob sich die Hunde mögen oder Ärger bevorsteht. Führen Sie zusammen mit Ihrem Hund das Beschwichtigungssignal des Ausweichens aus und machen Sie einen großen Bogen um den anderen Hund. Bitten Sie den anderen, oft uneinsichtigen, Hundehalter dies auch zu tun. Bei der Begegnung schirmen Sie Ihren Hund ab und loben ihn kräftig mit Leckerlis, wenn er den anderen Hund ignoriert.

Ganz besonders ärgerlich sind die Zeitgenossen, die einem angeleinten Hund mit Ihrem frei laufenden Hund begegnen. Bitten Sie den Passant, seinen Hund anzuleinen und weichen Sie ihm aus. In der Regel verläuft aber auch eine solche Begegnung ohne größere Schäden. Sollte es tatsächlich zu einer Rauferei kommen, kann das Lösen der Leine die letzte Rettung sein.

Diese Situationen bedeuten einen ziemlich großen Stress für den Hund und können sogar zu einem Vertrauensverlust führen. Man kann sich das so vorstellen – wechseln wir mal die Rollen: Ihr Hund führt Sie an der Leine durch die Stadt. Irgendwo sind dann da plötzlich recht viele Menschen. Der Hund verkürzt die Leine daher etwas, dennoch kommen die anderen Menschen nahe an Sie heran. Durch die kurze Leine können Sie aber gar nicht mehr ausweichen. Irgendwann passiert es dann – ein extrem unangenehmer Zeitgenosse kommt nahe an Sie heran, will Sie berühren, aber dem Sie führenden Hund ist das egal. Sie schreien den unangenehmen Zeitgenossen an, dass er sich gefälligst entfernen sollte, der denkt aber gar nicht daran. Dafür gibt es auch noch Ärger von Ihrem führenden Hund, schließlich sollen Sie sich nicht so unhöflich benehmen. Das passiert ein paar Mal, bis es Ihnen reicht. Die nächste unangenehme Begegnung verläuft dann so: In dem Wissen, dass Sie von Ihrem führenden Hund nicht unterstützt werden und keine Möglichkeit zur Flucht haben, hauen Sie dem nächsten aufdringlichen Zeitgenossen einfach eins über. Das Entsetzen Ihres Hundes ist groß.

Genau so ergeht es Ihrem Hund. Irgendwann gibt Ihr Hund es auf, wenn Sie ihn bei solchen Begegnungen nicht unterstützen und veranstaltet ein Riesengebell, sobald anderen Hunden begegnet wird. Kommen sich die Hunde zu nahe, kommt es vielleicht auch noch zu einer Rauferei.

Sie haben dem Hund eine unangenehme Leinenaggression anerzogen, die nun mühsam mit oben genannten Maßnahmen wieder abgebaut werden muss. Hoffentlich ist das Vertrauen zu Ihnen nicht allzu sehr gestört.

Natürlich gibt es auch sehr viele freundliche Hundebegegnungen. Dies merkt man im Vorfeld bereits schon, und eventuell kennen sich die Hunde untereinander. Hier sind diese Verhaltensregeln natürlich nicht notwendig.

Soll ich meinen Hund kastrieren lassen?

Dies ist eine sehr schwerwiegende und emotionale Frage, die Sie letztendlich mit Ihrem Hund, sich selbst und Ihrem Tierarzt ausmachen müssen.

Soll Nachwuchs mit dem Hund produziert werden, hat sich die Frage erübrigt.

Ansonsten kann über die Kastration von Hündin und Rüde nachgedacht werden (Kastration ist die totale Entfernung der inneren Fortpflanzungsorgane, Sterilisation nur die Auftrennung von Leitern – daher werden auch Hündinnen kastriert).

Der Eingriff führt zu einer Veränderung der Persönlichkeit der Tiere. Sie werden evtl. etwas ruhiger. Rüden wird der Sexualstress genommen. Es ist für ihn auch nicht mehr so stressig, ständig auf die Markierung seines Territoriums zu achten.

Hündinnen werden wegen Ausbleiben der Läufigkeit nicht mehr von Rüden verfolgt und es besteht keine Gefahr von Scheinträchtigkeiten. Möglicherweise wird das Risiko einiger Krankheiten reduziert.

Alternativ wäre auch eine Hormonbehandlung denkbar.

Dies sind nur kleine Denkanstöße. Bitte diskutieren Sie dieses Thema mit Ihrem Tierarzt.

Welche Spiele gibt es für Hunde?

Auch erwachsene Hunde spielen sehr gerne. Viele Hunde haben Freude an Hundesport (Agility), wo Hindernisse überwunden werden müssen.

Für fast alle Hunde sind aber Suchspiele das Größte. Hunde erfahren ihre Welt hauptsächlich durch den Geruchssinn. Diesen dann auch noch zum Zwecke des Findens eines Leckerlis zu benutzen, bereitet Hunden größte Freude.

Ein ganz einfaches Spiel ist es, verschiedene Leckerlis im Zimmer zu verstecken, während der Hund vor der Tür wartet. Er wird schon sehr unruhig vor lauter Vorfreude sein, vielleicht schon in typischer Spielstellung (Vorderkörpertiefstellung) lauern. Kaum wird die Tür geöffnet, stürzt er hinein und findet schon anhand Ihrer Spuren die ersten Verstecke. Für etwas komplizierte Verstecke wird er länger brauchen und – als infantiler Wolf – Sie ansehen, pföteln und um Hilfe bitten. Lassen Sie ihm noch etwas Zeit und gönnen Sie ihm das Erfolgserlebnis, die Aufgabe selbstständig gelöst zu haben.

Die Leckerlis können auch in kleine Schachteln versteckt werden. Jetzt kann man erleben, wie es ist, wenn der kleine Wolf seine Beute erlegt. Er wird die Schachtel mit seinem Maul packen und erst einmal kräftig schütteln. Dies ist nichts anderes als der Nackenbiss an einem erlegten Tier, das dann anschließend zu Tode geschüttelt wird (ich weiß – unschön – aber Hunde sind wie ihre Vorfahren Raubtiere). Danach wird er seine Beute zerfetzen, um an das dort versteckte Futter zu gelangen.

Die Königsdisziplin an Spielen ist das Mantrailing. Hier läuft eine mit einem besonderen Leckerli ausgestattete Zielperson über eine längere Strecke einen Weg und entfernt sich aus der Sichtweite des Hundes. Der Hund bekommt nun einen Spurenträger der Zielperson unter die Nase gehalten und erhält das Signal „Such!". Schon beim ersten Mal wird er intuitiv wissen, was er machen soll. Wichtig ist, dass der Hund über ein Geschirr und eine Schleppleine mit seinem Mantrail-Führer verbunden ist. Hat der Hund die Zielperson gefunden, die sich gerne versteckt haben kann, wird er besonders gelobt und erhält sofort sein Leckerli.

Diese Spurenarbeit ist sehr anstrengend, und sollte daher immer mit Pausen zwischen den einzelnen Trails unterbrochen werden. Außerdem sollte der Hund dabei immer ausreichend Wasser trinken.

Die Trails können im Laufe der Zeit komplizierter werden. Wurden zunächst nur auf Waldboden kurze und gerade Strecken getrailt, so werden die Trails länger und komplizierter. Später kann man auch auf schwierigeren Untergrund wie Asphalt ausweichen. Ganz besonders schwierig wird es, wenn Regen und Wind die kleinen Körperpartikel, die die Zielperson auf ihrem Weg verstreut, wegwehen.

Laufhunde wie Beagle und Bloodhounds sind besonders für dieses Spiel geeignet. Aber man kann es mit jedem Hund durchführen. Sie werden Ihren Hund in höchster Freude erleben, und er wird danach zufrieden und erschöpft einschlafen.

Sind Wurf- und Zerrspiele gut?

Ganz offensichtlich machen auch diese Spiele Hunden sehr großen Spaß. Allerdings muss man beachten, dass der Hund zunächst dabei positiven Stress aufbaut, der nach einiger Zeit in negativen Stress umschlägt. Der Organismus wird dabei überlastet. Für den Beobachter sieht es allerdings so aus, als ob der Hund immer noch sehr großen Spaß an der Sache hätte.

Daher sollte man diese Art der Spiele nicht allzu oft einsetzen und nur kurz durchführen.

Eine ähnliche Art von Stressbewältigung sind Verhaltensweisen wie dem eigenen Schwanz nachzujagen. Auch dies führt zu negativem Stress. Sollten Sie diese Stereotypen beobachten, so muss analysiert werden, woher der ursprüngliche Stress für den Hund kommt.

Es gibt die Ansicht, Zerrspiele würden die Dominanz eines Hundes fördern, wenn man ihn ständig gewinnen lassen sollte. Wie bereits oben beschrieben, wird der Hund aufgrund des Gewinnens keine Revolution anzetteln und sich als Sieger über seinen Menschen fühlen. Es macht aber Sinn, das „Aus!“-Signal (siehe unten) bei Zerrspielen einzusetzen, damit man dem Hund beispielsweise Objekte wegnehmen kann, die er nicht haben soll.

Wie lerne ich „Sitz“ und „Platz“?

Dies sind die Grundsignale, die in jeder Hundeschule gelehrt werden. Es ist wichtig, den Hund in besonderen Situationen auf Signal absitzen oder abliegen lassen zu können.

Sie sind sehr einfach zu lehren.

Sitz: Der Hund steht. In einer Hand hält man ein Leckerli vor die Nase des Hundes und hebt es langsam an. Damit der Hund es noch erreichen kann, wird er automatisch in die für ihn vollkommen natürliche Sitzposition gehen. In diesem Augenblick sagen Sie das Signal „Sitz!“ und geben dem Hund das Leckerli.

Platz: Dies funktioniert fast genauso, nur dass die Hand jetzt tiefer geht. Zunächst wird der Hund wieder aufstehen und sich zur Hand hinunterbeugen. Er muss dann wieder in die Sitzstellung und so lange der Hand folgen, bis er in die Platzstellung kommt. Dann wird das Signal „Platz!“ gesprochen und der Hund bekommt sein Leckerli. Auch die Platzstellung ist eine natürliche Hundestellung.

Man sollte darauf achten, dem Hund nicht an kalten, nassen und spitzen Stellen „Sitz“ und „Platz“ abzuverlangen.

Wie jede Übung wird diese in reizarmen Umgebungen schnell gelernt. Befindet sich der Hund dann aber in Gesellschaft anderer Hunde und gibt es ansonsten auch noch viel Spannendes zu sehen, so scheint er wieder alles verlernt zu haben. Hier muss mit viel Geduld die Übung wiederholt werden.

Eine Stellung sollte der Hund solange beibehalten, bis sie mit einem anderen Signal wie z.B. „Los!“ wieder gelöst wird. Natürlich wird er auch dafür gelobt.

Schon bei diesen Signalen können Gesten eingesetzt werden, da Hunde Körpersprache weit besser verstehen als Laute.

Welche Signale sind noch wichtig?

Natürlich gehört es zu den wichtigsten Signalen, den Hund zu sich herzurufen. Dazu kann „Komm!“ verwendet werden. Locken Sie dabei den Hund mit einem Leckerli zu sich. Sobald er angekommen ist, wird er gelobt und erhält das Leckerli. Kommt der Hund nicht sofort, macht es keinen Sinn, den Hund ungeduldig anzuschreien. Seien Sie achtsam. Das Schreien ist nur Ausdruck Ihrer Wut und erschreckt den Hund. Auch das mantramäßige Wiederholen von „Komm!“ ist nicht besonders sinnvoll, wenn der Hund dann doch nicht kommt. Auch hier lieber mit Gesten arbeiten.

Eine Abwandlung ist das „Bleib!“. Der Hund wird in die Sitzposition gerufen, dann entfernt man sich und zeigt dem Hund mittels Körpersprache, dass er sitzenbleiben soll (meist eine abwehrende Hand). Dazu wird das Signal „Bleib!“ gesprochen. Die Übung wird abgebrochen, sobald der Hund trotzdem losläuft. Er wird dafür weder geschimpft noch bestraft, sondern bekommt einfach kein Leckerli und muss die Übung wiederholen. Das ist der Weg der positiven Verstärkung.

Wie schon erwähnt, wird die Befolgung von Signalen dann besonders schwierig, wenn es etwas viel interessanteres gibt. Aber manchmal muss der Hund sofort zu seinem Menschen zurückkommen. Er könnte beispielsweise in Richtung einer vielbefahrenen Straße laufen. Viele Hunde kommen durch Überfahren werden ums Leben.

Hierzu muss das Super-Komm-Signal gelernt werden. Meist wird dieses aber eingesetzt werden, wenn der Mensch ohnehin schon stark emotional bewegt ist. Hier wäre ein laut gebrülltes „Komm!“ eher kontraproduktiv. Ideal eignet sich dafür eine Hundepfeife. Der Hund muss lernen, dass der Pfiff für ihn sofort die Überreichung eines absoluten Super-Leckerlis bedeutet, das er sonst niemals bekommen würde. Dieses Signal muss regelmäßig geübt werden, damit es funktioniert.

Die Hundepfeife könnte auch als „Aus!“-Signal verwendet werden. Sollte der Hund beim Gassigang etwas finden, was er nicht essen soll, so könnte das Signal für ihn ein Zeichen sein, die „Beute“ wieder herzugeben und gegen das Super-Leckerli zu tauschen. Das Problem liegt darin, dass der Hund den Fund tatsächlich als seine „Beute“ ansieht und daher zu einem (auch ökonomisch sinnvollem) Tausch eher nicht bereit ist. Daher benötigt das „Aus!“-Signal, egal ob gesprochen oder mit Hundepfeife, viel Übung.

Das Signal „Nein“ ist ein sehr beziehungsschädigendes Wort. Anstelle eines negativen Signals sollte lieber eine positive Ersatzhandlung, z.B. „Sitz!“, angeboten werden. Achten Sie darauf, wie sehr der Hund Beschwichtigungssignale auf „Nein!“ bzw. grundsätzlich böse ausgesprochene Signale zeigt.

Was mache ich bei ausgesprochenem Jagdtrieb?

Es kann nicht oft genug gesagt werden. Der domestizierte Wolf, unser Hund, jagt genauso gerne wie sein Vorfahre. Insbesondere ist Jagen für Hunde ein selbstbelohnendes Verhalten. Alleine das Verfolgen einer Spur versetzt das Gehirn des Hundes in eine euphorische Hochstimmung. Dabei ist das Jagen noch viel attraktiver als das Ziel zu erreichen. Würde also Ihr Hund einen Hasen verfolgen, und Sie würden ihn mit einem fein zubereiteten Hasen, der sofort komfortabel verspeist werden könnte, heranlocken, so hätte das kaum Erfolg.

Wie also mit dem Jagdtrieb umgehen? Immer will man den Hund nicht angeleint lassen. Dies sollte man aber trotzdem tun, wenn tatsächlich gerade Wild (und der unvermeidliche Jäger) in der Nähe sind. Jäger schießen gerne mal auf freilaufende Hunde, da diese ihrer Meinung nach wildern.

Läuft der Hund frei, so sollte er sich immer in der Nähe des Menschen aufhalten. Er sollte also den Wirkungskreis des Menschen nicht verlassen. Dazu muss aber der menschliche Wirkungskreis attraktiv sein. Wie wäre es beispielsweise, wenn nur der Mensch plötzlich am Wegesrand einen Baum entdeckt, an dem viele Würstchen wachsen? Der Hund wird begeistert sein und gerne an Ihrer Seite bleiben, da er hofft, dass Sie noch viele weitere ähnliche Entdeckungen machen werden.

Außerdem sollte er regelmäßig dafür gelobt werden, den menschlichen Wirkungskreis nicht zu verlassen.

Gestaltet sich dies dennoch schwierig, weil der Hund nicht nachkommen will oder andere Richtungen einschlägt und auf „Komm!“ mit Leckerli nicht reagiert, könnte man eine Übung mit einer Schleppleine versuchen. Der Hund wird an eine lange (10m) Schleppleine gehängt, damit er Ihnen nicht entwischen kann. Ist der Hund nun unaufmerksam, so verstecken Sie sich. Findet Sie der Hund, dann wird er selbstverständlich gelobt.

Und wenn es doch mal passiert ist? Am besten an der Stelle der Trennung auf den Hund warten, immer wieder mal seinen Namen rufen (oder noch besser seine Position mittels GPS bestimmen und verfolgen). Kehrt der Hund dann nach langer Zeit des Wartens endlich wieder zurück wird er – selbstverständlich gelobt. Wenn er jetzt angeschrien, geschimpft oder im Eifer der Verblendung bestraft wird, dann wird er sich das nächste Mal sehr genau überlegen, ob es sich lohnt, bald wieder zu seinem Menschen zurückzukommen.

Was mache ich, wenn Besuch zu heftig begrüßt wird?

Diese Frage habe ich mir bis zum Schluss aufgehoben, da ich in diesem Zusammenhang immer Ärger bekomme. Der Hund will einen favorisierten Menschen durch Ablecken des Gesichts begrüßen. Dies ist eine höchste Sympathiegeste, die ich sehr genieße. Nur leider ist das nicht jedermanns Sache. Und der Hundehalter argumentiert rechtens, dass er keine Ausnahmen zulassen möchte. Schließlich sei Oma Guske bei der letzten stürmischen Begrüßung beinahe zu Boden gefallen.

Was also tun? Will der Hund hochspringen, so kann man ihn freundlich mit Worten begrüßen, sich aber dabei abdrehen und alternativ seine Hand zum Begrüßungslecken hinhalten. Ist dieser Vorgang immer noch zu stürmisch, so kann man versuchen, ihn vorher in die Sitzposition zu locken, diese auflösen, loben und dann den Hund sein Händebegrüßungsritual durchführen lassen.

Eine ähnliche Situation ist das laute Bellen bei Ankündigung von Besuch durch die Türglocke. Auch hier kann man den Hund zunächst in die Sitzposition locken, um ihn dann mit Leckerlis zu belohnen. Oder man lenkt ihn mit einem Leckerli-Regen ab. Das Bellen ist eine natürliche Reaktion des Hundes, da sich jemand dem Territorium nähert. Ablenkungsmanöver mit Belohnung sind eine artgerechte Reaktion auf dieses Verhalten. Hier wird keinesfalls das „ungezogene" Bellen gelobt, auch wenn der Mensch dies gerne so interpretiert.

Oft wird behauptet, der Besucher dürfe niemals zuerst vom Hund begrüßt werden, da dies dominantes Verhalten fördere. Wie mehrfach angesprochen, muss man sich auch hier keine Sorgen um seine Führerrolle machen. Natürlich kann man den Hund zunächst sitzen lassen und erst auf Signal die Begrüßung durchführen. Allerdings wird der Hund dieses Verhalten nicht verstehen und frustriert reagieren. Auch hier ist der achtsame Mittelweg sinnvoll.

Nachwort

Mit diesem kleinen Büchlein wollte ich Ihnen einen kurzen Einblick in das Wesen der Hunde geben, und Sie achtsamer bezüglich der gängigsten Fragen und Irrtümer machen.

Der achtsame Umgang bedeutet, den Hund als Hund zu akzeptieren und ihn nicht nach eigenen Vorstellungen zu formen. Dies ist artgerechte Hundehaltung.

Machen Sie weiter. Kaufen Sie die empfohlenen Bücher, suchen Sie eine Hundeschule, wo man Ihrem Hund keine Gewalt antut und beobachten Sie achtsam.

Sollten Sie gefallen am Zen-Weg gefunden haben, hilft Ihnen vielleicht dieser Koan: „Zu Meister Joshu kam ein Mönch und fragte ihn, ob ein Hund Buddhanatur habe oder nicht. Joshu antwortet: Mu.“ (Bedeutung „Mu“: Nichts / die Frage entspringt einem dualistischen Geist / Leere).

Dank

Ohne den Kontakt zu diesen Menschen wäre dieses kleine Buch nie entstanden:

Rita Kampmann, Hundeschule „Freude am Hund", München, und ihr Team (besonders Diana)
Danke für die fundierte Hundetrainer-Ausbildung.

Thomas Riepe, Lehrer Hundepsychologie, Anröchte
Danke für das Hintergrundwissen über Wölfe.

Annette Gräff, „Hundebetreuung im Olympiapark München" und ihr Team (besonders Sorina)
Danke für die vielen schönen Stunden im Hundegarten und die Möglichkeit der Beobachtung.

Clarissa von Reinhardt, „animal-learn", Bernau am Chiemsee
Danke für die Bücher aus dem animal-learn-Verlag. Jedes kann uneingeschränkt empfohlen werden.

Thich Nhat Hanh, Zen-Meister
Danke für Bücher, Dharma-Vorträge und Retreats.

...und Danke an alle die vielen Hundis – von Euch habe ich so viel gelernt

Mali, Clara, Yoda, Tyson, Sina, Arthur, Bosse, Eddie, Ludwig, Pia, Hektor, Buddy, Nelson, Nuscha, Hudson, Barney, Paula, Nicki, Lea, Branko, ... und viele andere.

Empfohlene Literatur:

Hunde:
Bucksch, Kosmos Praxishandbuch Hundekrankheiten
Eaton, Dominanz
Feddersen-Petersen, Sachkunde für Hundehalter
Kampmann, DVD: Hundetraining mit Pfiff
Krämer, Kosmos Hundeführer
Reinhardt, Calming Signals Workbook
Riepe, Da muss er durch
Rugaas, Calming Signals
Rugaas, DVD: Calming Signals
Schar/Riepe, Hunde halten mit Bauchgefühl
Schneider, Hunde einfach erziehen
...und weitere Bücher aus dem animal-learn-Verlag

Zen und Buddhismus:
Grosser, Der Buddha auf vier Pfoten
Hendriksson, Das geheime Buch des Zen
Junghardt, Non cogito, ergo sum
Mingyur Rinpoche, Buddha und die Wissenschaft vom Glück
Osho, Bewusstsein
Thich Nhat Hanh, Jeden Augenblick genießen
Zotz, Mit Buddha das Leben meistern